伝統柄で楽しむ
ふきんと小もの
刺し子の
手しごと

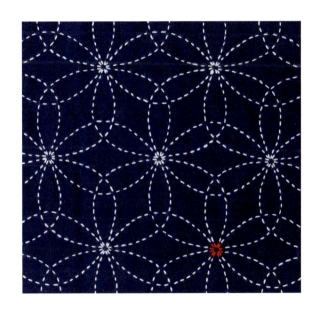

日本文芸社

Message

針と糸が織りなす連続模様、使い込むほどに味わいを増す藍染めの布——。刺し子は、布が今よりずっと貴重だった時代に、暮らしの中から生まれた手しごとです。防寒や衣類の補強のために布を重ねたり、はぎ合わせたりするうちに、いつしか実用と装飾を兼ね備え、さまざまな模様が施されるようになりました。縦、横、斜めと、針を進めるごとに少しずつでき上がっていく模様からは、ただ美しいだけではなく、糸を少しも無駄にしない、いにしえの人々の知恵と工夫を垣間見ることができます。

この本では、時を超え、今もなお愛される伝統模様を中心に、ふきんや小ものをご紹介。刺し子本来の凛とした佇まいや、素朴で洗練された模様の美しさを少しでも感じ取っていただけるよう、糸や布の色数も限定しました。

contents

P.6　十字花刺しのふきん

P.8　三重菱つなぎのクロス

P.10　算崩文の数寄屋袋

P.12　流れ菱刺しのティッシュボックスカバー

P.13　がんぜ刺しのふきん

P.14　巾着　米の花・杉刺し

P.15　ブローチ　米刺し・絣つなぎ・鷹の羽刺し

P.16　曲線模様のティッシュケース

P.18　飛び麻の葉のふきん

P.19　枡刺しと変わり麻の葉のふきん

P.20　花格子のふきん

P.24　分銅つなぎのふきん

P.25　花刺しのふきん

P.26　角亀甲つなぎのふきん

P.28　亀甲花刺しのふきん

P.30　コースター　柿の花つなぎ・十の木
　　　柿の花・二重柿の花つなぎ

P.32　七宝つなぎのふきん

P.33　杉綾のバッグ

P.34　方眼のポットマット

P.22　刺し子のはなし

P.36　この本に登場する伝統模様

P.38　刺し子の基礎

P.49　**HOW TO MAKE**

P.88　図案の描き方のポイント

＊本誌に掲載の作品や図案を複製して、店頭やネットオークション等で販売することは禁止されています。手づくりを楽しむためにのみご利用ください。

十字花刺しのふきん

縦、横、斜めに刺す十字花刺しは、一目刺しのなかでも特に繊細で可憐な模様。白地にチャコールグレーの糸で、シックに仕上げました。赤いステッチがチャームポイント。

デザイン・製作／片岡かおる（つぼや）
how to make >> P.50

三重菱つなぎのクロス
さんじゅうひし

花びらのようにも見える美しい模様。小さな菱形を大きな菱形で囲み、角を直線でつなぎます。ランチョンマットや袱紗として使えるほか、P.10 の数寄屋袋に仕立てても。

デザイン・製作／刺し子 絢工房

how to make >> P.52

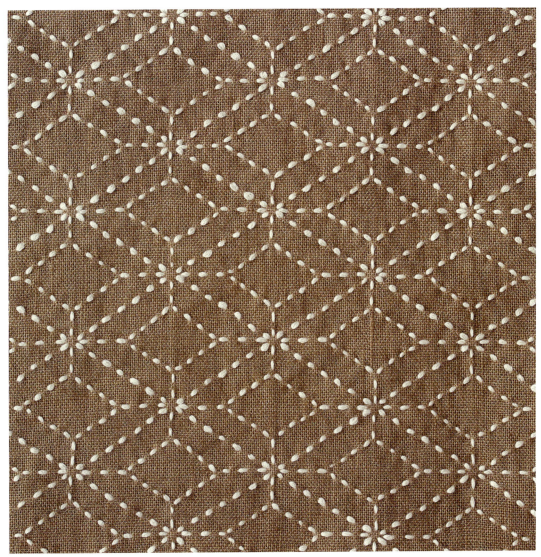

刺しゅう糸提供／DMC

算崩文の数寄屋袋
さんくずしもん

和算に用いる「算木」という道具を崩したように見えることから、「算木崩文」が転じてこの名前がつきました。縦横に三本ずつ配列したので、「三崩文」とも呼ばれています。

デザイン・製作／刺し子 絢工房
how to make >> P.54

刺しゅう糸提供／DMC

流(なが)れ菱(ひし)刺(ざ)しのティッシュボックスカバー

針目を少しずつずらしながら刺すことで、独特の菱模様が現れる「流れ菱刺し」は、庄内刺し子を代表する伝統模様の1つ。横一列に並べて連続模様にアレンジしました。

デザイン・製作／蛙トープ
how to make >> P.56

がんぜ刺しのふきん

庄内地方の飛島に伝わる模様で、がんぜとはウニのこと。ドンザと呼ばれる漁師の働き着に、安全祈願を込めて施しました。2枚仕立てのふきんは、周囲を裏布で包み、額縁仕立てに。

デザイン・製作／飯塚咲季（艸絲）
how to make >> P.58

米の花

杉刺し

巾着

米の字を十字でつないだ「米の花」は、小花のような愛らしい模様。いっぽう「杉刺し」は、杉の葉をかたどった縞模様で、針目を少しずつずらしながら刺していきます。

デザイン・製作／飯塚咲季（艸絲）
how to make >> P.60

ブローチ

漢字の「米」の字を刺した「米刺し」、絣の模様を模した「絣つなぎ」、鷹の羽のように見える「鷹の羽刺し」。庄内地方に伝わるモチーフから、細やかな連続模様を選んでブローチに。

デザイン・製作／飯塚咲季（艸絲）
how to make >> P.62

米刺し

絣つなぎ

鷹の羽刺し

曲線模様のティッシュケース

振り幅の異なる2種類の波形模様を左右対称にあしらいました。曲線の重なりが、美しい模様を生み出します。紺地に生成りの糸で刺せば、針目がぐっと引き立ちます。

デザイン・製作／いからしさとみ（あさぎや）
how to make >> P.64

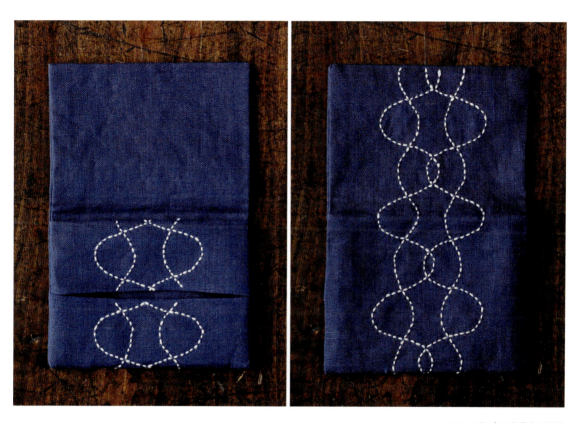

フラップつきの上品なデザイン。長方形の一枚布に刺して折りたたむだけだから、布が無駄にならず、仕立ても簡単。

| 飛(と)び麻(あさ)の葉(は)のふきん |

麻の葉は生育が早いことから、子どもの健やかな成長を願って、古くから産着などに施されてきました。葉先同士をつなぐように配置することで、模様がいっそう際立ちます。
デザイン・製作／
いからしさとみ（あさぎや）
how to make >> P.66, 67

生地提供／オリムパス製絲

変わり麻の葉

枡刺し

枡刺しと変わり麻の葉のふきん

正方形を幾重にも重ねた「枡刺し」は、米などを量る枡と「増す」をかけた縁起のよい模様。正三角形をベースにした「変わり麻の葉」は、雪模様にも見える愛らしい図案です。

デザイン・製作／
いからしさとみ（あさぎや）
how to make >> P.66, 68, 69

花格子のふきん

シンプルながら可憐で華やかな印象の「花格子」。斜め格子の交点に添えた小さな針目が花模様に見えることから、この名前がつきました。紺と青の2色づかいで刺せば、清楚な雰囲気に。
デザイン・製作／
いからしさとみ（あさぎや）
how to make >> P.66, 70

生地提供／オリムパス製絲

刺し子の
はなし

布が貴重だった時代、人々は布をはぎ合わせたり、重ねたりしながら、衣類を繰り返し修理・補強し、大切に使いました。重ね合わせた布を固定するために刺し縫いをしたり、針目を細かく施したり——。布の保温性を高め、補強や補修をするための技術として発達した刺し子に、やがて装飾的な要素が加わり、しだいに多彩な模様が生みだされるようになりました。

針と糸を用い、布にさまざま模様を描いていく刺し子は日本各地に見られますが、なかでも東北を中心とする寒冷地には、風土や歴史によって育まれたその地方独特の刺し子が今もなお

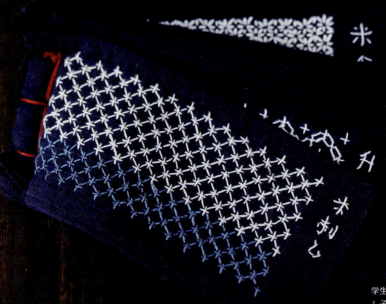

学生時代を山形で過ごし、庄内刺し子に出合った「艸絲」の飯塚咲季さん。藍染め布に伝統模様を1つずつ刺した、お手製の見本帳。

息づいています。独自の技法や模様がとりわけ多く残る山形県庄内地方では、江戸時代、農民が身につけられる着物の色は、黒、紺、灰色に限られていました。このような制約下にあってもおしゃれを楽しむことを忘れず、工夫を凝らして紡ぎ出された模様は、まさに「用の美」と言っても過言ではありません。

　刺し子の伝統模様の多くは、身近な自然がモチーフとなっています。七宝つなぎは円満や子孫繁栄、麻の葉はわが子の健やかな成長、分銅つなぎは商売繁盛というふうに、指先に願いを込めながら、女性たちは針を進めていったのでしょう。

上・端ぎれを重ね、縫い合わせた藍染めの古布。下・「柿の花」を施した古い刺し子布。2枚仕立てになっているので、強度も十分。

分銅つなぎのふきん

分銅とは、天秤で重さを量るときに使うおもりのこと。P.32の「七宝つなぎ」の曲線の一部だけを刺すことで、この模様が完成します。白地と紺糸の対比が、凛とした佇まい。

デザイン・製作／
いからしさとみ（あさぎや）
how to make >> P.66, 71

生地提供／オリムパス製絲

花刺しのふきん
(はなざ)

6本の曲線が重なることで、布の上に美しい大輪の花模様が現れます。紺地と白糸の組み合わせで甘さを抑え、交点の一部を赤糸で刺してアクセントを添えました。

デザイン・製作／片岡かおる（つぼや）
how to make >> P.78

25

無数の小花を布一面にちりばめた、一目刺しの「角亀甲つなぎ」。繊細で華やかな模様です。P.26 はチャコールグレー、P.27 は生成り。糸の色を替えれば、印象がガラリと変わります。

デザイン・製作／片岡かおる(つぼや)
how to make >> P.80

角亀甲(つのきっこう)つなぎのふきん

亀甲花刺しのふきん

緻密な亀甲模様の中に十字を配した「亀甲花刺し」。針目の大きさに変化をつけながら、縦、横に刺し、最後に上下の針目に糸をくぐらせることで、美しい亀甲柄が現れます。

デザイン・製作／片岡かおる（つぼや）
how to make >> P.82

柿(かき)の花(はな)つなぎ

十(じゅう)の木(き)

コースター

階段状の模様がユニークな「柿の花」は、一目刺しを代表する人気のモチーフ。「柿の花つなぎ」と「十の木」、「柿の花」と「二重柿の花つなぎ」は、それぞれ表裏の関係になっています。

デザイン・製作／刺し子 絢工房
how to make >> P.73, 74〜77

柿(かき)の花(はな)

二重(にじゅう)柿(かき)の花(はな)つなぎ

生地提供／オリムパス製絲

七宝(しっぽう)つなぎのふきん

「七宝」は平和や円満、子孫繁栄を意味する、日本に古くから伝わる吉祥文様の1つ。
同じ大きさの円を4分の1ずつ重ねてつなぐことで、花のような模様が浮かび上がります。

デザイン・製作／いからしさとみ（あさぎや）
how to make >> P.66, 72

生地提供／オリムパス製絲

杉綾のバッグ

杉の葉に見立てたジグザグ模様が特徴的な「杉綾」は、「ヘリンボーン」とも呼ばれ、世界じゅうで愛されています。シンプルなリネンのバッグに部分的にあしらうと、北欧風のモダンな雰囲気に。

デザイン・製作／
いからしさとみ（あさぎや）
how to make >> P.84

方眼のポットマット
<small>ほうがん</small>

縦横に施した一目刺しの格子模様に、小さな針目を添えるだけで、繊細で美しい模様が現れます。手触りのよいコットンに総刺しにし、キルト芯を重ねてふっくらと仕上げました。

デザイン・製作／滝澤優子（OTTO & Ä）
how to make >> P.86

刺し子糸提供／オリムパス製絲

この本に登場する伝統模様

刺し子の伝統模様は、図案を描く際に基本となる図形や刺し方によっていくつかに分類することができます。ここでは「直線の模様」「曲線の模様」「一目刺し」の3つに分けて紹介するほか、固有の模様が多く残る山形県庄内地方の伝統模様も併せて紹介します。同じ模様でも地域によって名称が異なる場合や、さまざまなバリエーションが存在します。

直線の模様

正方形、正三角形、六角形をベースにして展開される模様。縦、横、斜めの線を組み合わせることで、多種多様な模様が表現できます。

飛び麻の葉 P.18

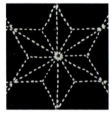

変わり麻の葉 P.19

枡刺し P.19

杉綾 P.33

花格子 P.20

算崩文 P.10

三重菱つなぎ P.8

曲線の模様

円形をベースに展開される模様。緩やかな弧を描く模様はやわらかで表情豊か。カーブをなめらかに刺すのがポイントです。

七宝つなぎ P.32

分銅つなぎ P.24

花刺し P.25

一目刺し(ひとめざし)

一定の長さの針目で1針ずつ規則的に刺し、模様を形づくる方法。細かい針目で全面に刺すので、繊細で華やかな印象に仕上がります。

柿の花つなぎ　P.30

十の木

柿の花　P.31

二重柿の花つなぎ(にじゅうかきのはなつなぎ)

方眼(ほうがん)　P.34

亀甲花刺し(きっこうはなざし)　P.28

角亀甲つなぎ(つのきっこうつなぎ)　P.26

十字花刺し(じゅうじはなざし)　P.6

庄内刺し子の伝統模様

山形県庄内地方に伝わる刺し子。「流れ菱刺し」「杉刺し」「がんぜ刺し」など、この地域特有の模様もあれば、「米刺し」や「米の花」など、他地域に共通する模様も。

米の花(こめのはな)　P.14

米刺し(こめざし)　P.15

鷹の羽刺し(たかのはねざし)　P.15

がんぜ刺し　P.13

杉刺し(すぎざし)　P.14

流れ菱刺し(ながれひしざし)　P.12

絣つなぎ(かすりつなぎ)　P.15

刺し子の基礎

布について

刺し子に適しているのは針通りのよい平織りの布。ふきんに仕立てる場合は晒し木綿を使うのが一般的ですが、吸水性に富んだリネンもおすすめ。小ものの場合はデザインに合わせて布を選びましょう。薄手の布は糸がつれやすく、裏に渡った糸が透けて見えることも。また、厚手の布は運針がしづらく、針目もそろいにくいので、注意が必要です。

a 晒し木綿

手ぬぐいやおむつなどに適した、やわらかく吸水性に富んだ平織りの布。布幅をそのまま生かし、2枚重ねにして使います。1反（34cm幅×約10m）で1000円前後と値段も手ごろ。写真は、ふきん1枚分にカットされた「さらしもめん」約34×70cm／オリムパス製絲

b 刺し子用木綿

ふきん1枚分にカットされた刺し子用の木綿布。針通りがよいので、初心者にもおすすめです。「刺し子もめん」約33×70cm。全9色／オリムパス製絲

水通しと地直しについて

リネンなど縮みやすい布は、後からゆがみが生じないように水通しと地直しをします。一晩水に浸けて軽く脱水し、形を整えて半乾きまで陰干し。タテ糸とヨコ糸が直角に交わるように整えながら、裏から低温でアイロンをかけます。

c 藍染め布

骨董市や民藝ショップなどで手に入る藍染めの木綿布。洗うほどに風合いが増し、味わい深いものになっていきます。無地だけでなく、縞や格子などの柄物を上手に取り入れても。

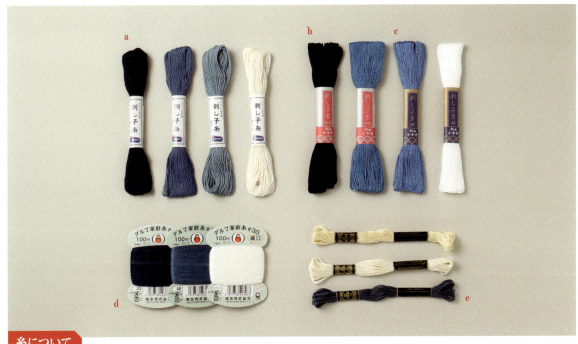

糸について

布と同素材の糸を使うのが基本。ふっくら仕上げたいときは太めの糸を、繊細に仕上げたいときは細い糸を。模様の大きさや布の厚さによっても糸の太さを調節します。刺し子糸のほか、手縫い糸や 25 番刺しゅう糸など、好みの糸で刺してもよいでしょう。

a・b・c 刺し子糸

刺し子用に開発された綿 100％の糸。甘撚りの細い木綿糸を何本か合せたもので、自然な風合いが魅力です。けば立ちが少なく、ふっくらと美しく刺し上がります。
a 「刺し子糸」
　1 束 20m。全 23 色／オリムパス製絲
b 「ダルマ刺し子糸」＜合太＞
　小かせ 40 m。全 24 色／横田
c 「ダルマ刺し子糸」＜細＞
　小かせ 40 m。全 20 色／横田

d 木綿手縫い糸

綿 100％で布なじみのよい手縫い糸。おもにふきんを縫い合わせる際に使いますが（P.46 参照）、模様を刺すときに使用すればより繊細な仕上がりに。「ダルマ家庭糸」＜細口＞100m。全 56 色／横田

e 25 番刺しゅう糸

6 本の細い糸をゆるく撚り合せた綿 100％の糸で、刺しゅうなどに使われます。色数が豊富なので、好みの色で刺したいときにおすすめ。2 本どり、3 本どり、6 本どりというふうに、図案や布に合わせて糸の本数を調整して使います。1 束 8m。単色は全 500 色／DMC

道具について

使いやすい道具があると作業効率がアップし、仕上がりもきれいに。必要に応じて少しずつそろえましょう。

a 針 針穴が大きく、針先のとがった刺し子用の針を使います。長い距離を縫うときは長い針が便利ですが、まずは自分の使いやすい長さを選びましょう。フランス刺繍針でも代用可。

b 指ぬき 針の頭を固定して運針を助けます。慣れないうちはなくても大丈夫ですが、使ったほうがきれいに刺せます。長い針を使うときは、中指のつけ根にはめて使う皿つきタイプが便利。

c・d はさみ 布を切るための裁ちばさみや、糸を切るためのにぎりばさみなど、用途に合ったものを用意して。手になじみやすく、切れ味のよいものをそろえておくとよいでしょう。

e・f 定規 布に直接線を引いたり、図案を写したりするときに使います。方眼定規があると正確に線が引けます。円形から展開する図案にはサークルプレート（円定規）が便利。

g ヘラ 布に案内線を引くときに使う、和裁ではおなじみの道具。定規と併せて使います。線が残らず、仕上がりもきれい。下にカッティングマットなどを敷くとしっかり線が引けます。

h 水性チャコペン 布に直接線を引いたり、図案を写したりするときに使います。水で消えるタイプがおすすめ。

i トレーサー（鉄筆） 複写紙を使って図案を写すとき、上からなぞるのに使います。インクの出なくなったボールペンでも代用可。図案にセロハンを重ねると滑りがよくなり、図案を保護する効果も。

j 手芸用複写紙（片面） 布に図案を写すときに使います。水で消える片面タイプがおすすめ。白やピンク、黄色など、他の色もあるので、布の色に合わせて使い分けるとよいでしょう。

その他 トレーシングペーパー、セロハン、まち針、鉛筆、消しゴム、方眼紙・斜眼紙、コンパス、スレダー（糸通し）など、必要に応じて用意しましょう。

道具提供／クロバー

図案の描き方・写し方

布に図案を直接描いたり、複写紙を使うなど、いくつかの方法があります。模様や作りたい作品に適した方法を選びましょう。

✹ 布に直接線を引く方法

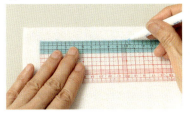

伝統模様は、チャコペンと定規を使って布に直接図案を描くとずれにくく、手間もかからない。詳しくは、P.46の分銅つなぎのふきんの作り方を参照。

✹ ヘラで案内線を引く方法

定規とヘラの丸い部分を使って案内線（方眼など、図案を描く際に基準となる線）を引く。この線をもとにして、実際に縫うラインだけをチャコペンで描くとわかりやすい。

✹ 複写紙で図案を写す方法

1　セロハン／布（表）／手芸用複写紙（裏）／図案（裏）

布の表を上にして置き、複写紙の表を下にして重ねる。その上に図案とセロハンを重ね、ずれないようにまち針で固定する。

2　トレーサーで図案をしっかりなぞる。直線のときは定規を使って、曲線の場合はサークルプレートや厚紙で作った型紙を使うとスムーズ。写しもれがないか確認してから図案をはずす。

✹ 図案に布を重ねて写す方法

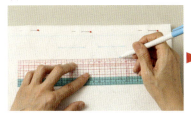

淡い色の布は図案が透けて見えるので、そのまま写すことが可能。図案に布を重ね（ふきんの場合は2枚の間に図案を挟む）、まち針で固定してからチャコペンで写す。直線は定規を使って、曲線の場合はサークルプレートや厚紙で作った型紙を使うとスムーズ。

糸の扱い方

刺し子糸は「かせ」と呼ばれる束状になっています。かせをほどいて、使いやすい長さになるよう準備をしましょう。

✻ かせ糸の使い方

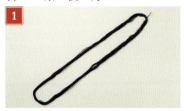

1 ラベルをはずし、かせをほどいて輪の状態にする。

2 別糸で2カ所を結ぶ。

3 輪の片側をカットする。使うときは、切った反対側の輪の部分から1本ずつ引き抜く。

✻ 糸を無駄なく使うには

1 ラベルをはずし、かせをほどいて厚紙などに巻き直す。

2 図案に糸を沿わせて長さを測り、10〜15cmプラスして糸を切る。糸が長すぎるとからまったり、すれてきれいに仕上がらないので、一番長い図案の長さの往復分+10cmまでに。

✻ 糸の通し方

1 糸端を針の頭にかけて二つに折り、指で押さえて折り山を作る。

2 いったん針を抜き、指で押し出すようにして折り山を針穴に通す。スレダー（糸通し）を使っても。

3 糸が通ったら、10〜15cmのところで折り返す。

糸始末

まずは玉結びと玉どめの作り方をおさらい。ふきんの布端を縫い合わせるときや、小ものを手縫いで仕立てるときに使います。糸を巻く回数で結び目の大きさを調節します。

❋ 玉結び（針で作る方法）

1 糸を通した針の先を人さし指の腹に当て、針の下に糸端を挟む。

2 そのままの状態をキープしながら、針先に糸を2回巻く。

3 巻いた糸を指で押さえながら、針を引き抜く。糸がゆるまないよう注意して。

4 最後まで糸を引けば玉結びが完成。糸端が長くなったときは、結び目の近くでカットする。

❋ 玉結び（指で作る方法）

1 左手の人さし指に糸を巻きつける（長いほうの糸が、糸端の上にくるようにする）。

2 人さし指を手前にスライドさせて、指先から糸がはずれるまで糸をよじりながら、親指で押し出す。

3 人さし指で糸を押さえたまま、親指の腹と中指の爪に結び目を引っかけ、玉結びができるまで糸を引く。

❋ 玉どめ

1 最後に針を抜いた位置に針を置き、人さし指と親指で針を固定する。

2 針の根元に糸を2回巻きつける。

3 巻いた糸がゆるまないよう、しっかり押さえながら糸を引けば、玉どめが完成。

4 糸端を少し残してカットする。

糸玉を作らずに糸始末をする方法

ふきんなど、裏面が見える作品には、糸玉を作らないこちらの方法がおすすめです。
縫い目がごろつかないので、すっきりと仕上がります。

❋ 刺し始め

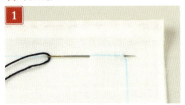

刺し始めの位置から4～5針分先に針を入れ、刺し始めの位置に針を出す。ふきんの場合は布を1枚だけすくって、2枚の間に針を通す。

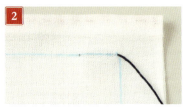

ギリギリまで糸を引く。糸が抜けないように注意して。

1針返し、布の向こう側に針を出して、布の中に渡った糸を縫いとめる。

1針返し終えたところ。

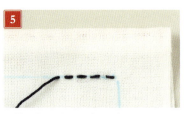

同様に残りの糸も並縫いで縫いとめる。

❋ 刺し終わり

印まで縫い終えたところ。角に表から針を入れ、裏側に糸を引き出す。

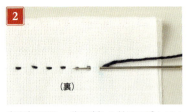

布を裏に返し、先に刺した針目に重ねて1針刺し戻る。

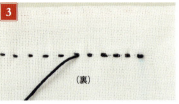

針目で浮いた布をすくうようにして、4～5針返し刺しをする。糸端は約1.5cm残してカットし、すべての図案を刺し終えてから0.3cmに切りそろえる。

刺し方の基本

運針のコツを覚えるのが上達への近道。針目の大きさは決まっていませんが、
表3：裏2の割合を目安に表側の針目を裏側より少し大きめに刺すと見栄えがします。
最初はなかなか針目がそろいませんが、慣れるまで何度も練習しましょう。

❋ 指ぬきの使い方

利き手の中指の第一関節と第二関節の間に指ぬきをはめる。革の部分に針を固定し、親指と人さし指で針を持つ。

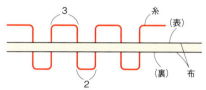

❋ 運針のポイント

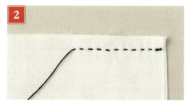

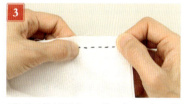

布の表側を見て刺し進める。刺し始めの数針を縫ったら、針を指ぬきに固定し、親指と人さし指で布を挟むように針を持つ。左手で布を上下に動かしながら、針が布に対して直角になるように刺し進める。

直線の場合は、一度になるべく多くの針目で一気に刺すようにすると、針目が曲がらずにきれいに刺せる。針目の長さは模様や布の厚みによって調節を。

刺し始め側を押さえて、指の腹でしごいて針目をなじませる。糸こきをこまめにすることで、布がつれるのを防ぎ、ふっくらきれいな針目で刺し上がる。

❋ 刺し方のポイント

きれいに仕上げるポイントは交点に。角に針目を出すと形が整って見えますが、たくさんの線が交わる部分では、線が重ならないようにあけて刺します。下記のポイントに注意して、針目を調整しながら刺しましょう。

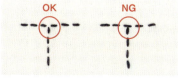

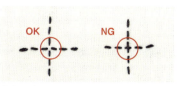

角に針を入れると模様がきれいに。糸を引きすぎると、布がつれて角がきれいに出ないので気をつけて。

線がぶつからないように角をあけて刺す。

中心が交わらないようにあけて刺す。

Lesson 1　分銅つなぎのふきん (P.24) を作ってみましょう

まずはふきんを1枚刺してみましょう。ここでは布に直接図案を描く方法を紹介します。

実物大図案は P.71
※ここではオリムパス製絲の「さらしもめん」（約34×70cm）を使用しています

ふきんに仕立てます

1

晒し木綿を作りたいふきんの大きさ＋2cm（縫い代分）に裁ち、二つ折りにする。（34cm幅の晒し木綿の場合は長さ70cmに裁つ）。

2

布端から1cm内側に線を引く。

3

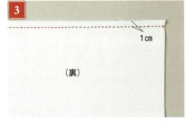

端から端までを縫う。縫い始めと縫い終わりの糸始末は P.43 参照。

4

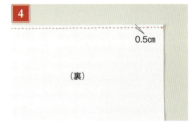

縫い代を0.5cmにカットする。

5

表に返して縫い代を整え、全体をアイロンで軽くおさえる。

印をつけます

6

縦と横、それぞれに二つ折りにして中心を決める。

7

まずは案内線を引く。中心から長さを測り、縦と横、外側の縫い線に印をつける（長さは図案によって調整。ここでは15cm）。

8 1マス3cmの方眼線を引く。マス目の大きさは、ふきんのでき上がりサイズや図案に合わせて調整する。

9 直径6cmのサークルプレート（厚紙などで代用可）を使って、刺し子の図案を描く。

10 印つけが終わったところ。

図案を刺す

11 はじめに外側の四辺を刺す（刺し始めと刺し終わりはP.44参照）。角の形がきちんと出るよう、角ごとに針を入れる（P.45参照）。

12 刺すときは一筆書きの要領で。2〜3針ごとに針を出し、そのつど糸をしごいて針目を整える。布を伸ばさないように注意。

13 1本目を刺し終えたところ。刺し方のポイント（P.45）を参照し、交点が重ならないように針目を調整しながら刺す。

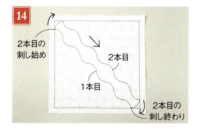

14 2本目を刺し終えたところ。中央の一番長いラインを刺すときは、模様がひと続きになるように刺すと、糸始末の手間が省ける。

15 同一方向のラインをすべて刺す。

同じ要領で反対方向のラインを刺せば完成。霧吹きなどを使って印を消し、アイロンで形を整える。

47

Lesson 2 「柿の花」（P.31）にチャレンジして一目刺しの手順を覚えましょう

縦、横、斜め、それぞれの針目が交わることで美しい模様を構成する「一目刺し」。針目を一定の大きさに決めて、規則的に刺していきます。ここでは、縦と横の線だけで構成される「柿の花」を刺しながら一目刺しのポイントを紹介します。

✳︎「柿の花」の図案と刺す順序

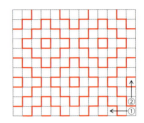

※わかりやすく説明するため、糸の色や目数を変えています。実際に刺すときはP.73を参照してください。

印をつけます

チャコペンを使って、布に直接0.5cm方眼線（案内線）を引く。マス目の大きさは作品に合わせて調整を。

横、縦の順に刺します

1

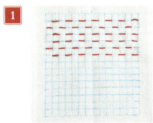

まずは横の線から。マス目に沿って、針目が1目おきになるように目を拾いながら、必要な段数をすべて刺す。次の段を続けて刺す場合、裏に渡る糸は少し余裕をもたせておいて。

2

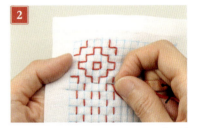

横の線との交点を拾いながら、縦の線を刺す。刺し進めるごとに、だんだん模様が現れてくる。

※実際に刺すときは布を90度回転させ、右から左へと刺し進めます。

刺し子作品を洗濯するには？

使い込むほどに糸が布になじみ、風合いを増していくのが刺し子の魅力。暮らしにどんどん取り入れて、そのよさを実感してください。糸が色落ちする場合があるので、洗濯するときはぬるま湯でやさしく手洗いし、陰干ししましょう。

1 洗面器などにぬるま湯を入れ、中性洗剤を適量溶かす。
2 作品を手で押し洗いし、軽く絞る。
3 水で十分にすすぎ、軽く脱水機にかける。
4 陰干しして、7〜8割がたまで乾燥させる。
5 裏からスチームアイロンを当て、完全に乾くまで陰干しする。

HOW TO MAKE

● 布や糸は、メーカーと商品名、色、品番または色番号、寸法または糸の本数の順で表記しています。
　特に指定がない場合は、好みの材料を使いましょう。

● 布の用尺は、指定の場合をのぞき、幅×長さの順で実際の寸法か、それより多めに表記しています。

● 図中の数字で、特に指定のない場合の単位は㎝です。

● でき上がりサイズはおおよその寸法です。図案を写す際に誤差が生じたり、
　縫い縮みなどにより、必ずしもその通りに仕上がらない場合があります。

【図案の見方】

● 図案内の細実線 (方眼など) は案内線です。必要に応じて、布に案内線を引いてから図案を写します。

● 図案はすべて実物大です。同じ模様を繰り返して刺す場合は図案が省略されているので、
　「中心」や「中央」の印を起点に、図案を左右または上下対称に写します。

● 図案を写す際、使用する布の幅や作りたい作品の大きさに合わせて配置を調整しましょう。
　希望のサイズの方眼紙がない場合は、製図をしたあとに、作りたい作品の
　でき上がりサイズに合わせて、拡大または縮小コピーをしてもよいでしょう。

　　　　　　　　●① 図案内の矢印と数字は、刺す順番と方向を表しています。
　　　　　　　　　●は刺し始めの位置を示します。

　　　　　　　　　　　線が続いていないところは、布の裏側に糸を渡します
　　　　　　　　　　　(ふきんの場合は 2 枚の布の間に針をくぐらせます)。

● 一目刺しや庄内刺し子（がんぜ刺しを除く）では、図案がそのまま針目の位置と長さを示します。

● 矢印の方向は目安です。ご自分の刺しやすい手順で針を進めましょう。

十字花刺しのふきん　P.6

材料
布…オリムパスさらしもめん（H-1000）　34×70cm
糸…刺し子糸　チャコールグレー、赤（ステッチ用）／各１本どり

でき上がりサイズ…縦32×横32cm

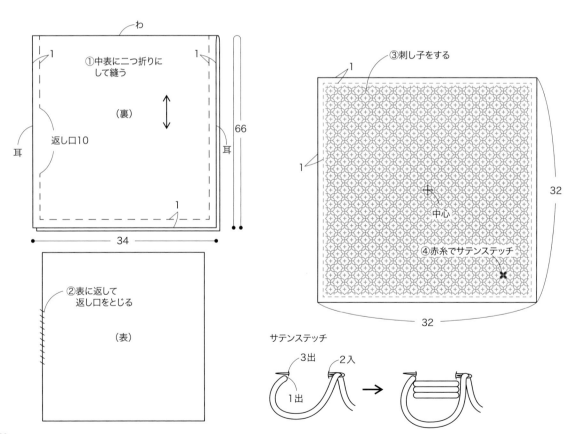

三重菱つなぎのクロス P.8

材料
布…表布　くるみ色のリネン　30×30㎝
　　　裏布　シルバーグレーのリネン　30×30㎝
糸…DMC 25番刺しゅう糸　ECRU／6本どり

でき上がりサイズ…縦28×横28㎝

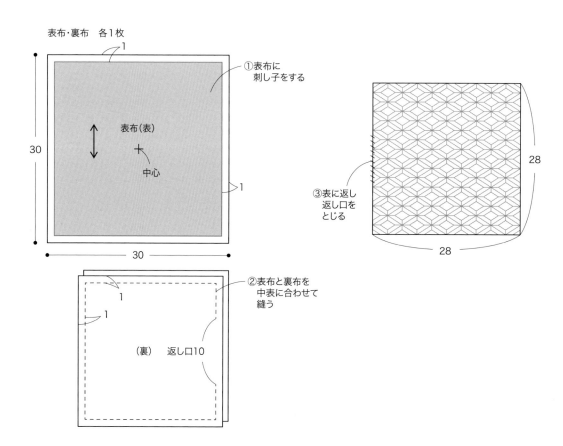

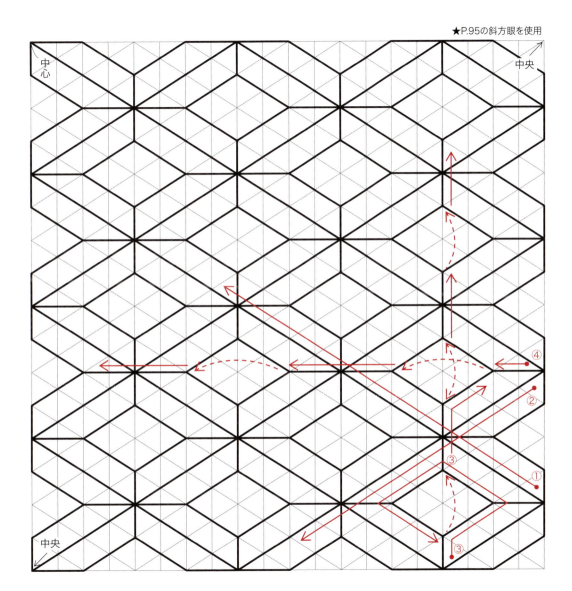

★P.95の斜方眼を使用

53

算崩文の数寄屋袋　P.10

材料
布…表布　シルバーグレーのリネン　30×30cm
　　裏布　淡ベージュのリネン　30×30cm
糸…DMC 25番刺しゅう糸
　　刺し子糸　生成り（3033）、
　　亀甲かがり　ベージュ（3782）／各6本どり

でき上がりサイズ（開いた状態）…縦29×横19cm

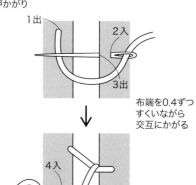

亀甲かがり

布端を0.4ずつすくいながら交互にかがる

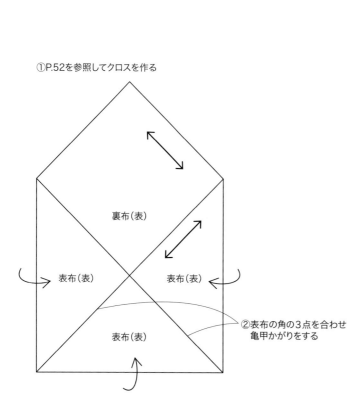

①P.52を参照してクロスを作る
②表布の角の3点を合わせ亀甲かがりをする

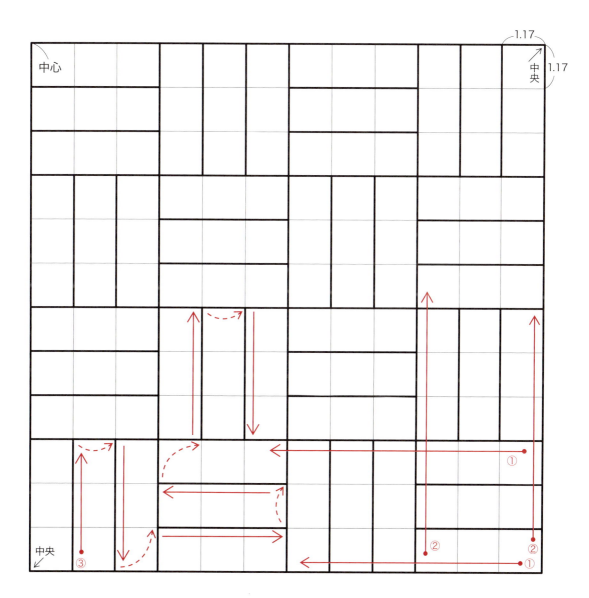

流れ菱刺しのティッシュボックスカバー　P.12

材料
布…表布　グレーの木綿　35×40㎝
　　裏布　オフホワイトの木綿　35×40㎝
糸…刺し子糸（細）　生成り／2本どり

でき上がりサイズ…縦16.5×横30㎝

表布・裏布　各1枚

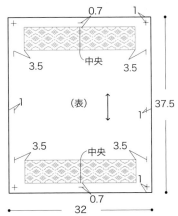

①表布の表に0.5cm方眼を描き
　刺し子をする

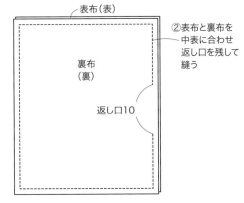

③表に返し、表布を内側にして三つ折りにする

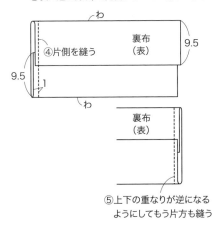

⑤上下の重なりが逆になる
　ようにしてもう片方も縫う

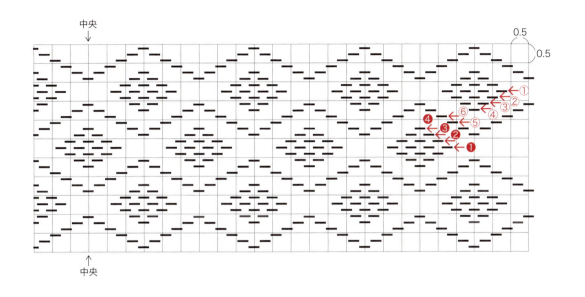

※針目は0.3cm
※刺し子糸は2本どり

＊案内線に沿って横一列に続けて刺す
＊先に①〜④を刺し、次に❶〜❹を刺してから、間を埋めるように⑤と⑥を刺す
＊横長の菱形になるように刺すと、仕上がりがきれい

がんぜ刺しのふきん P.13

材料
布…表布　藍染めの木綿　35×35cm
　　裏布　藍染めの木綿　40×40cm
糸…刺し子糸　白／1本どり

でき上がりサイズ…縦33×横33cm

＜刺し方のポイント＞
＊針目は0.2〜03cmを目安に、目数をそろえて刺す
＊放射状に針目が集まる部分は、円に見えるように
　針目をそろえる。中心部分は表側に糸を渡して糸
　を重ね、コロンとさせる

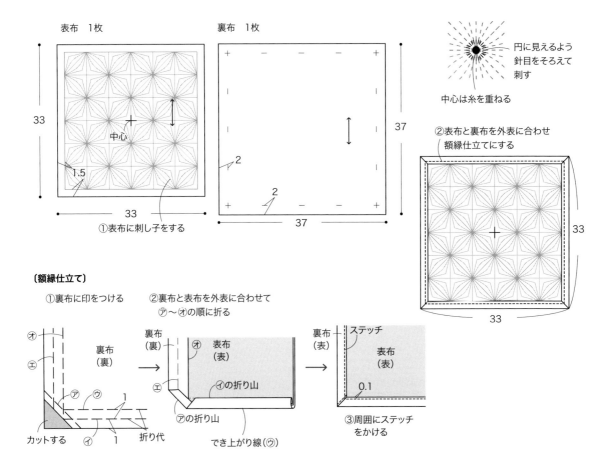

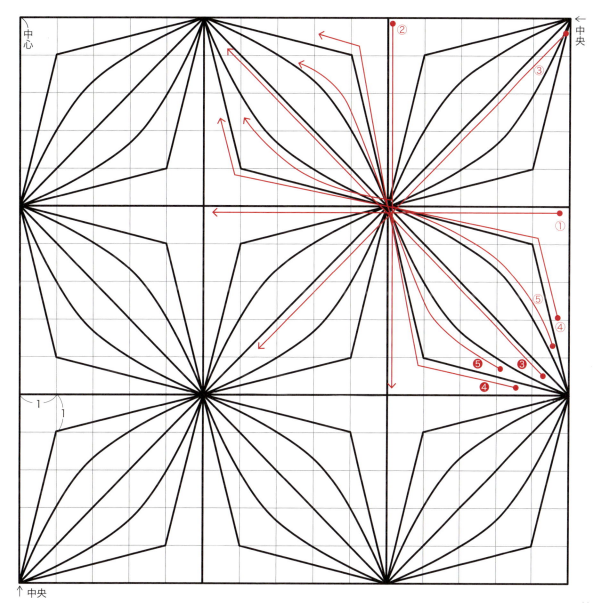

巾着 P.14

材料
布…表布A　藍染めの木綿　15×25㎝
　　　表布B　好みの木綿　15×20㎝
　　　裏布　プリント地　30×20㎝
糸…刺し子糸（細）米の花　青／2本どり、
　　杉刺し　生成り／1本どり
ひも…70㎝
端ぎれ（杉刺し）…適宜

でき上がりサイズ…各縦16×横13㎝

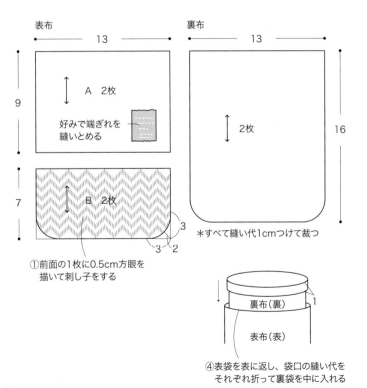

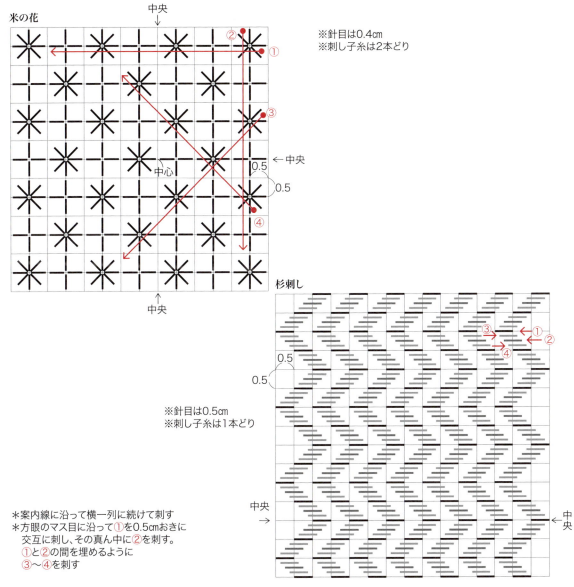

ブローチ　P.15

材料
布…好みの布　10×10cm
糸…刺し子糸（細）米刺し　生成り／1本どり、
　　絣つなぎ　水色／2本どり、
　　鷹の羽刺し　青／1本どり
端ぎれ（鷹の羽刺し）…適宜
ブローチ台…直径 4.5cm

でき上がりサイズ…各直径 4.5cm

①布に0.5cmの方眼を描き、
　刺し子をする

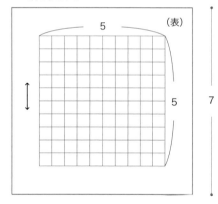

＊鷹の羽刺しは好みの位置に端ぎれを重ねて
　仮どめし、その上に方眼を描く

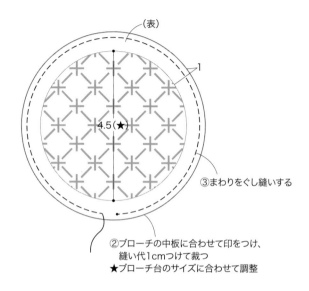

③まわりをぐし縫いする

②ブローチの中板に合わせて印をつけ、
　縫い代1cmつけて裁つ
★ブローチ台のサイズに合わせて調整

④ブローチの中板を中に入れ、
　糸を引き絞る。
　緩まないように針を数回
　入れてから玉どめ

⑤多用途接着剤で
　ブローチ台に固定する

米刺し

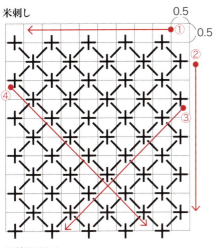

※針目は0.4cm
※刺し子糸は1本どり

鷹の羽刺し

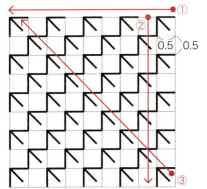

※針目は0.5cm
※刺し子糸は1本どり

絣つなぎ

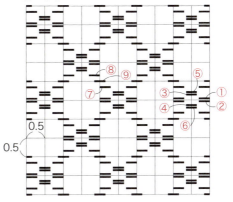

※針目は0.3cm
※刺し子糸は2本どり

*案内線に沿って横一列に続けて刺す
*先に絣の模様（①〜⑥）をすべて刺し
　その間をつなぐように⑦⑧⑨を刺す
*①と②の針目は気持ち長めに、
　③〜⑥はその1/3の長さで刺し、
　模様が横長になるように意識する

曲線模様のティッシュケース　P.16

材料
布…藍染めのリネン　20×65cm
糸…刺し子糸　白／1本どり

でき上がりサイズ（広げた状態）…縦13×横18cm

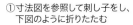
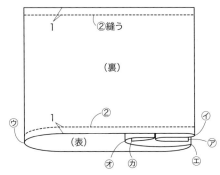
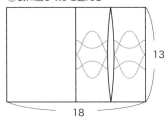

寸法図　　　※縫い代込み
※ⒶⒶ'とⒷに刺し子をする（Ⓐ'はⒶと左右対称に刺す）

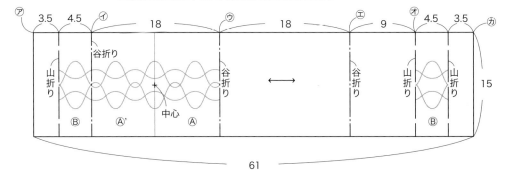

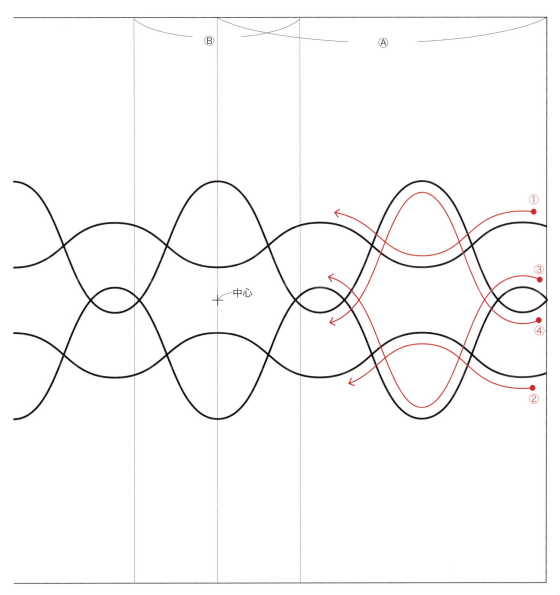

飛び麻の葉のふきん P.18　実物大図案 P.67

材料
布…オリムパス刺し子もめん
　　藍（H-2000）　33 ×70cm
糸…刺し子糸　生成り／1本どり

でき上がりサイズ…縦 33× 横 33cm

変わり麻の葉のふきん P.19　実物大図案 P.68

材料
布…晒し木綿　33cm幅 ×70cm
糸…刺し子糸　黄緑／1本どり

でき上がりサイズ…縦 33× 横 33cm

枡刺しのふきん P.19　実物大図案 P.69

材料
布…オリムパスさらしもめん（H-1000）　34 ×70cm
糸…刺し子糸　こげ茶／1本どり

でき上がりサイズ…縦 34× 横 34cm

花格子のふきん P.20　実物大図案 P.70

材料
布…オリムパス刺し子もめん
　　生成り（H-6000）　33 ×70cm
糸…刺し子糸　青・紺／各1本どり

でき上がりサイズ…縦 33× 横 33cm

分銅つなぎのふきん P.24　実物大図案 P.71

材料
布…オリムパスさらしもめん（H-1000）　34 ×70cm
糸…オリムパス刺し子糸　紺（11）／1本どり

でき上がりサイズ…縦 34× 横 34cm

七宝つなぎのふきん P.32　実物大図案 P.72

布…オリムパス刺し子もめん
　　浅葱（H-4000）　33 ×70cm
糸…オリムパス刺し子糸　白（1）／1本どり

でき上がりサイズ…縦 33× 横 33cm

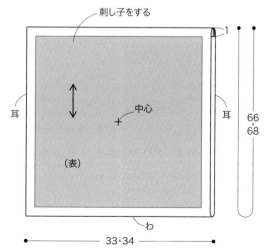

※ふきんの仕立て方はP.46参照
※飛び麻の葉の図案の描き方のポイントはP.88参照

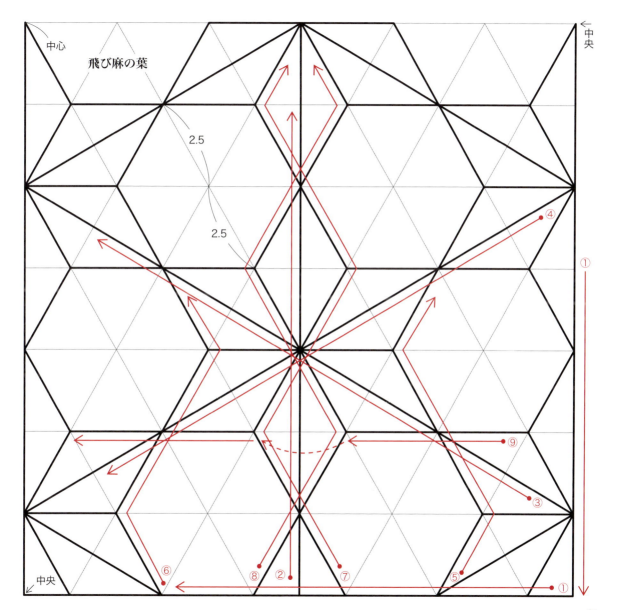

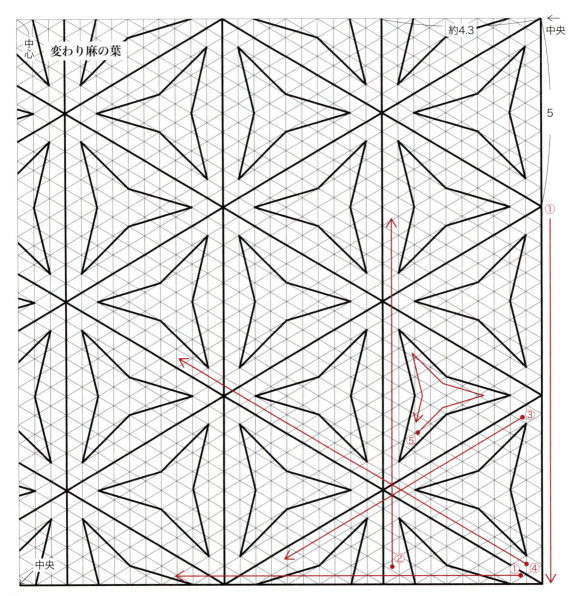

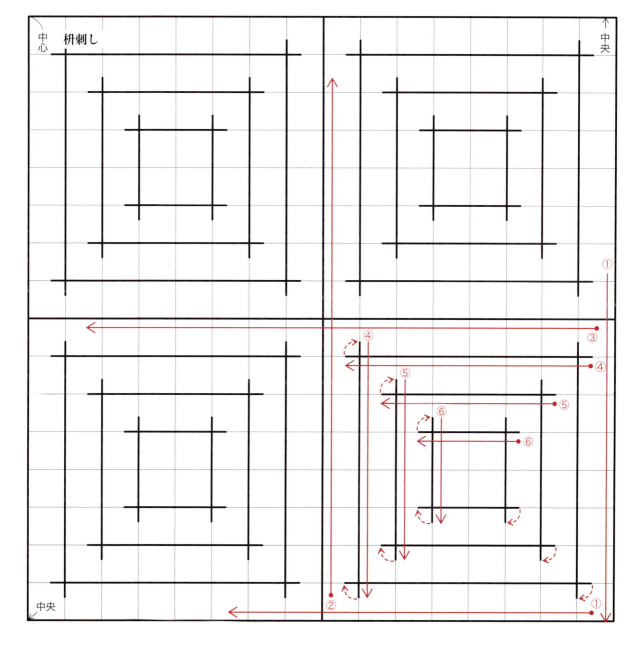

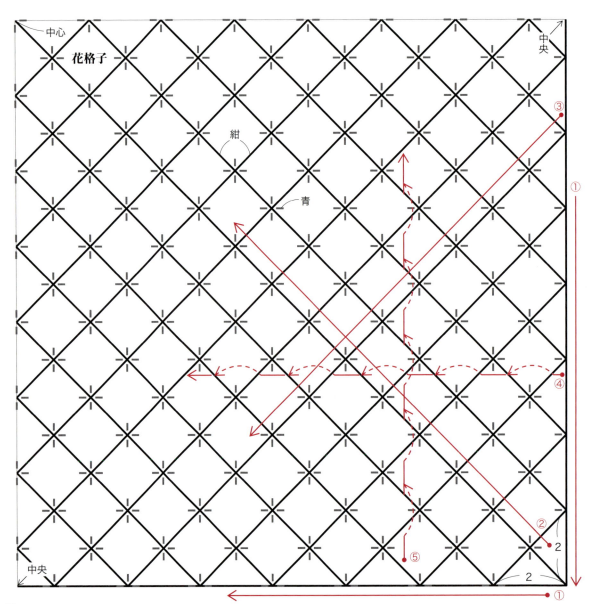

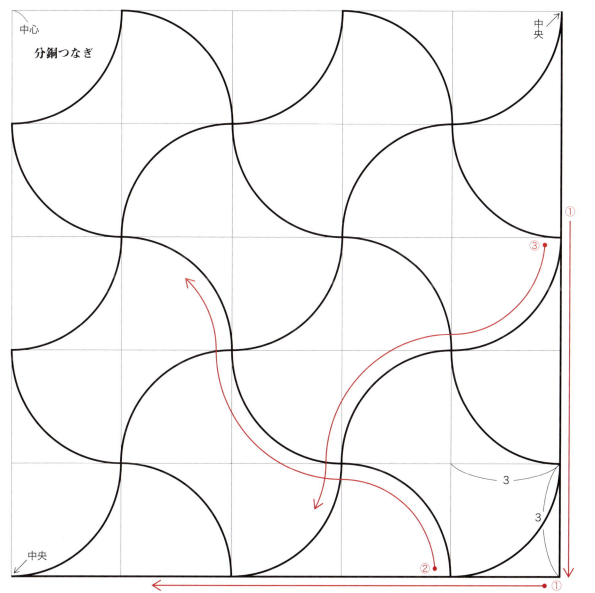

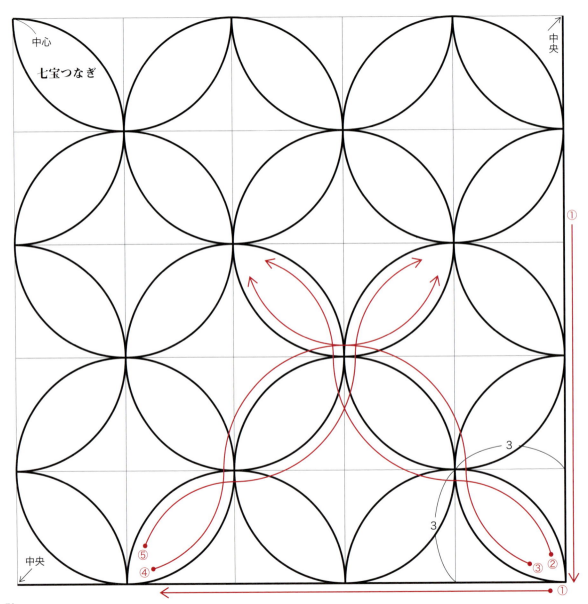

コースター P.30, 31　実物大図案 P.74〜77

材料
布…表布　オリムパス刺し子布（4500）15×15cm
　　　　　柿の花つなぎ・二重柿の花つなぎ　生成り（101）、
　　　　　柿の花　紺（107）、十の木　青（108）
　　裏布　無地の木綿　15×15cm
　　　　　柿の花・十の木　生成り（101）、
　　　　　柿の花つなぎ　青（108）、二重柿の花つなぎ　紺（107）
糸…刺し子糸
　　柿の花つなぎ　青、十の木・柿の花　生成り、
　　二重柿の花つなぎ　藍／各1本どり
キルト芯　15×15cm

でき上がりサイズ…各縦10.5×横10.5cm

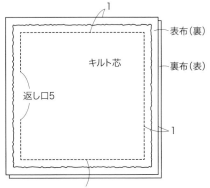

②表布と裏布を中表に合わせ
　その上にキルト芯を重ね
　返し口を残して縫う

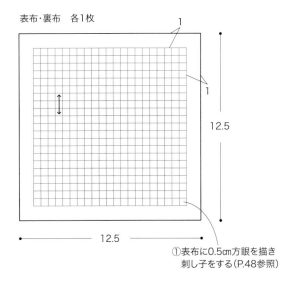

①表布に0.5cm方眼を描き
　刺し子をする（P.48参照）

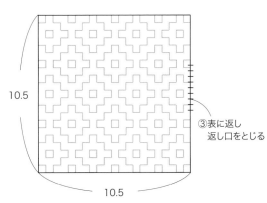

③表に返し
　返し口をとじる

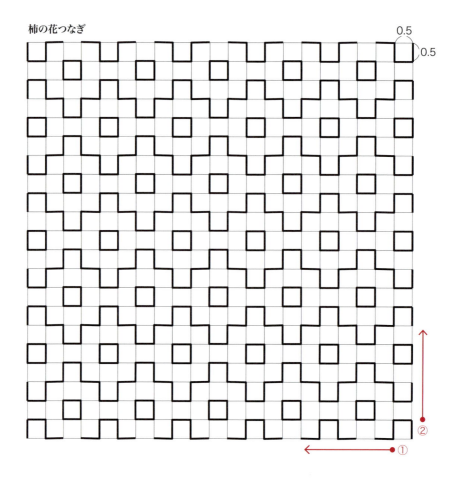

十の木

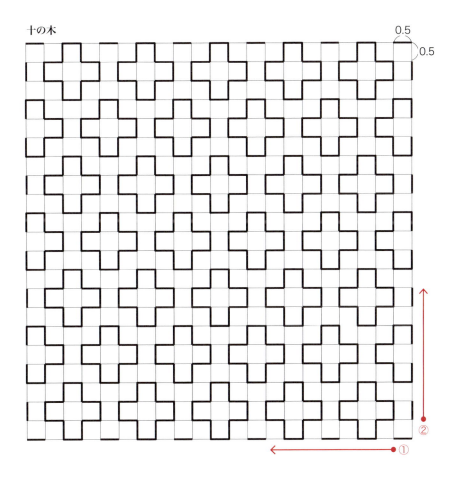

柿の花

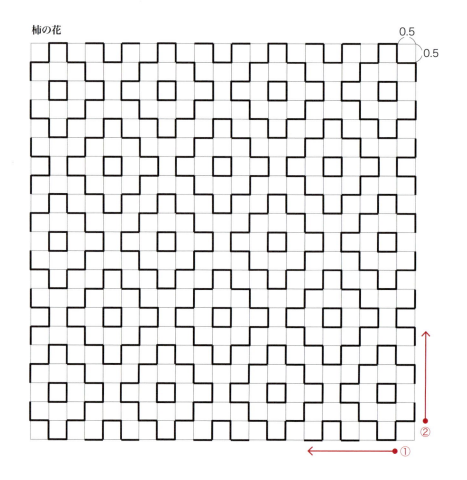

二重柿の花つなぎ

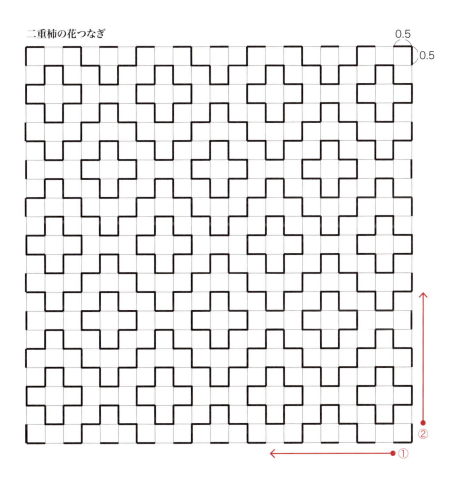

花刺しのふきん P.25

材料
布…オリムパス刺し子もめん　藍（H-2000）　33×70cm
糸…刺し子糸（細）　白、赤（ステッチ用）／各1本どり

でき上がりサイズ…縦31×横33cm

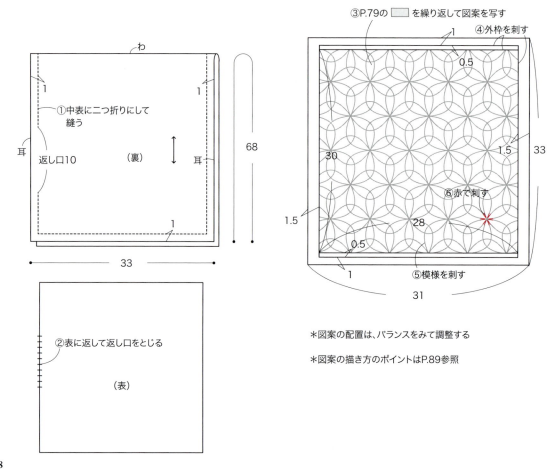

＊図案の配置は、バランスをみて調整する

＊図案の描き方のポイントはP.89参照

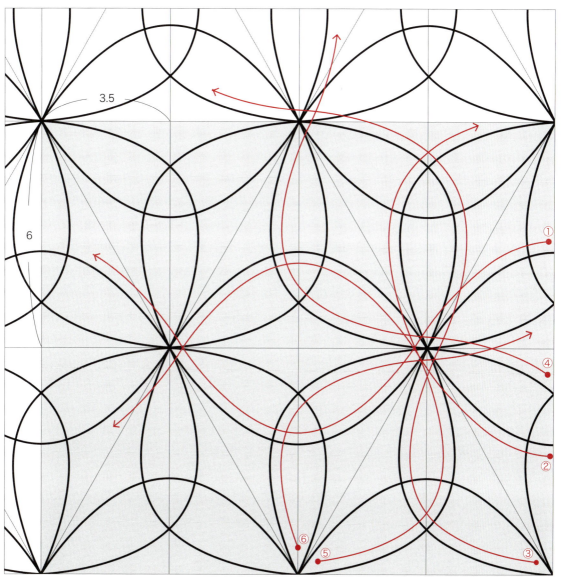

角亀甲つなぎのふきん　P.26

材料
布…オリムパスさらしもめん（H-1000）　34×70cm
糸…刺し子糸　チャコールグレー、赤（ステッチ用）／各1本どり
　　オリムパス刺し子糸　生成り（2）／1本どり

でき上がりサイズ…各縦31×横31cm

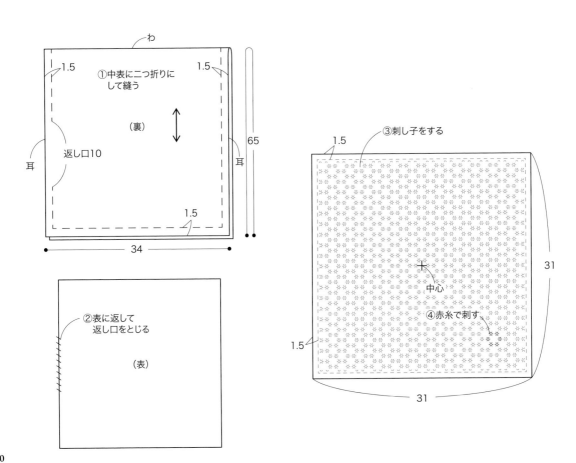

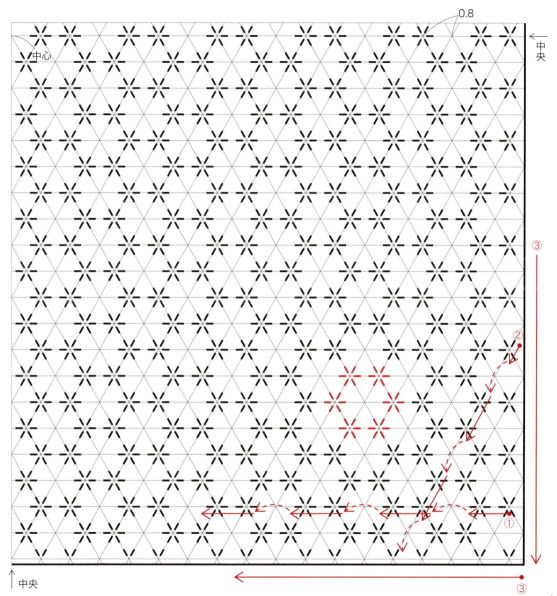

亀甲花刺しのふきん P.28

材料
布…晒し木綿　34㎝幅×70㎝
糸…刺し子糸　チャコールグレー、
　　赤（ステッチ用）／各１本どり

でき上がりサイズ…縦32×横32㎝

刺し方のポイント

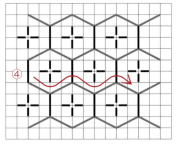

P.83の②で縦に刺した大きな針目に
針を穴側から通して
上下交互に糸を渡す

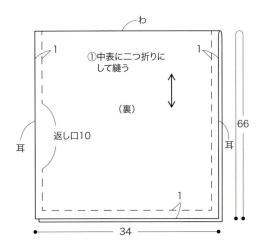

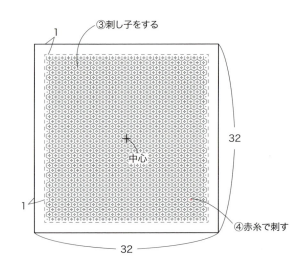

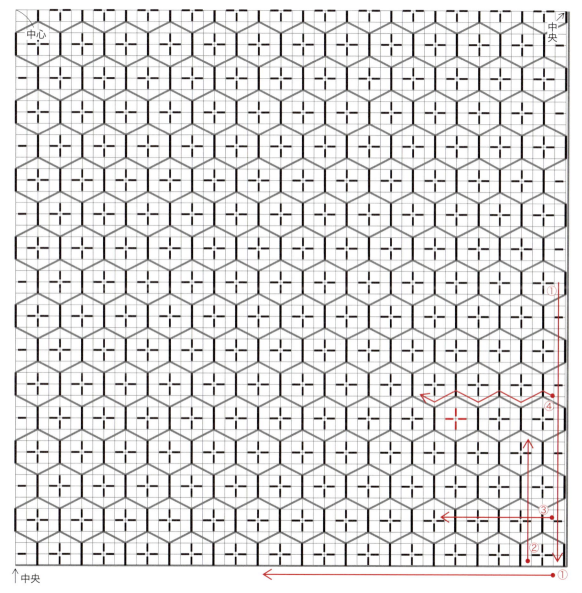

杉綾のバッグ P.33

材料
布…ベージュのリネン　30×65㎝
糸…刺し子糸　紺／1本どり
リネンテープ…2㎝幅×75㎝

でき上がりサイズ（本体）…縦27×横25㎝

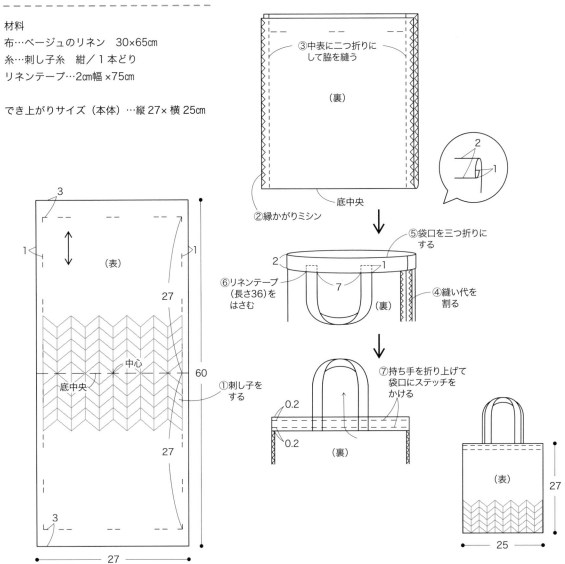

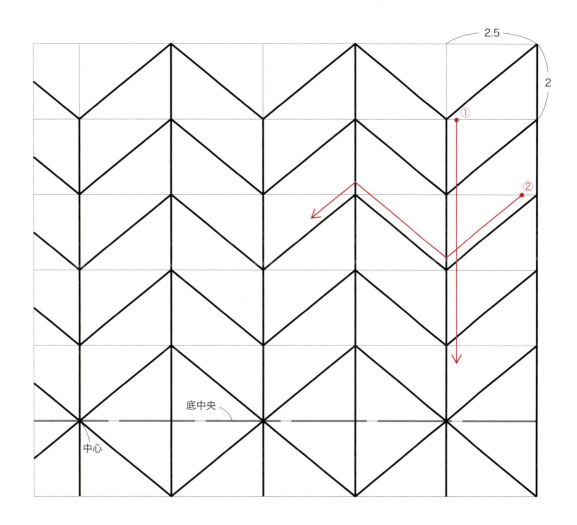

方眼のポットマット P.34

材料
布…生成りのモーリークロス 30×45cm
糸…オリムパス刺し子糸 藍(18)／1本どり
キルト芯…25×45cm

でき上がりサイズ（本体）…縦20× 横20cm

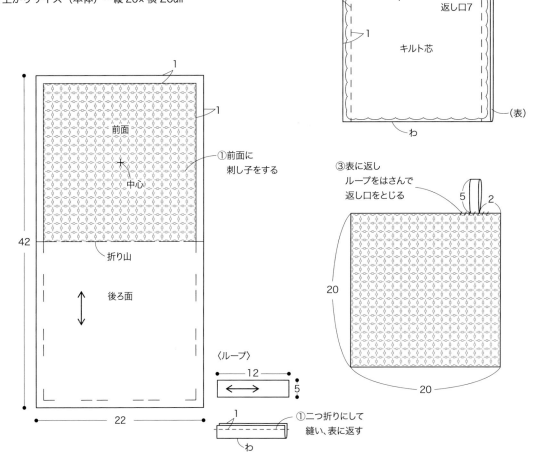

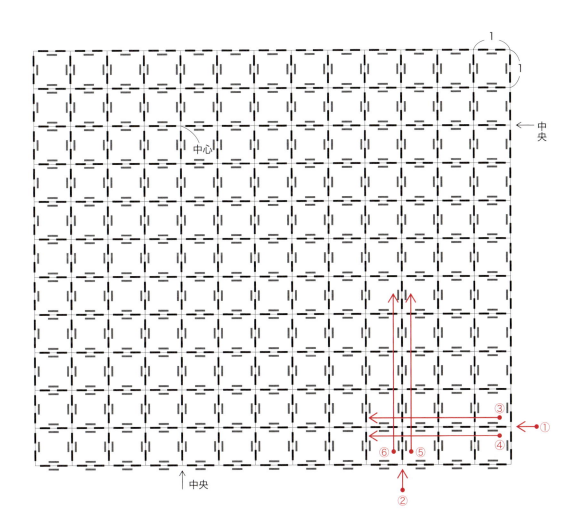

図案の描き方のポイント

飛び麻の葉(P.18, 66-67)

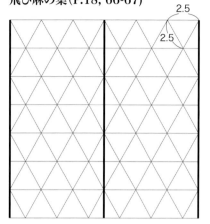

2.5
2.5

①斜方眼(0.5cm)に一辺2.5cmの正三角形の案内線を引き、縦の線を描く。

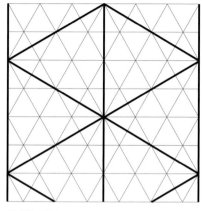

②斜線を描く。

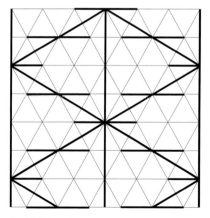

③横の線を描く。

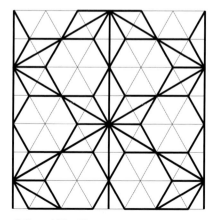

④残りの斜線を描く。

花刺し(P.25, 78-79)

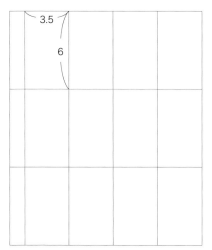

①方眼(0.5cm)に3.5×6cmの案内線を引く。

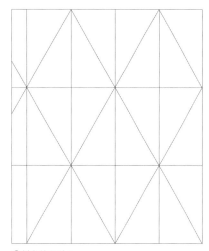

②対角線を引く。

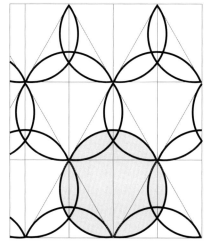

③対角線の交点を基準に型紙を当てて模様を描く。

④型紙の天地を逆にして模様を完成させる。

方眼(1cm)

方眼(0.7cm)

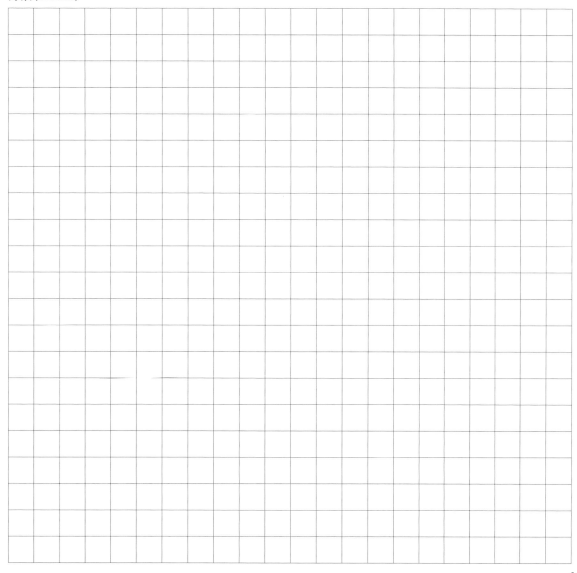

方眼(0.5cm)

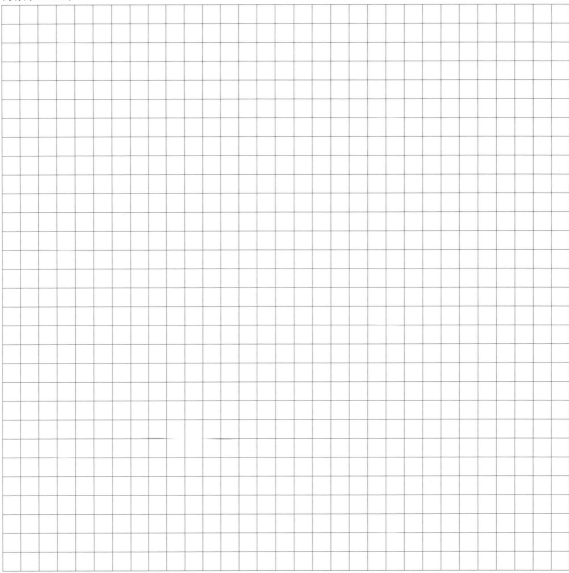

斜方眼A(0.5cm)

斜方眼B(0.8cm)

P.53で使用した斜方眼

デザイン・制作

いからしさとみ（あさぎや）　https://www.asagiya5.com/
飯塚咲季（艸絲）　http://sou-shi.com/
刺し子 絢工房　http://www.aya-studio.com/
片岡かおる（つぼや）　https://www.iichi.com/shop/tuboya
蛙トープ　https://kaeru-top.wixsite.com/kaeru
滝澤優子（OTTO & Ä　オットー アンド アー）
　　　　　https://www.iichi.com/people/otto_and_a

伝統柄で楽しむふきんと小もの
刺し子の手しごと

2017 年 10 月 20 日　第 1 刷発行
2019 年 8 月 10 日　第 4 刷発行

編　者　日本文芸社
発行者　吉田芳史
印刷所　図書印刷株式会社
製本所　図書印刷株式会社
発行所　株式会社 日本文芸社
〒 101-8407　東京都千代田区神田神保町 1-7
TEL 03-3294-8931（営業）03-3294-8920（編集）

Printed in Japan　112170925-112190729Ⓝ04　(201035)
ISBN978-4-537-21500-7
URL https://www.nihonbungeisha.co.jp/
© NIHONBUNGEISHA　2017
編集担当　吉村

印刷物のため、作品の色は実際と違って見えることがあります。ご了承ください。

乱丁・落丁本などの不良品がありましたら、小社製作部宛にお送りください。送料小社負担にておとりかえいたします。
法律で認められた場合を除いて、本書からの複写・転載（電子化を含む）は禁じられています。また、代行業者等の第三者による電子データ化および電子書籍化は、いかなる場合も認められていません。

Staff

ブックデザイン　橘川幹子
撮影　　　　　　蜂巣文香
　　　　　　　　天野憲仁（株式会社日本文芸社）
トレース　　　　まつもとゆみこ
　　　　　　　　八文字則子
編集　　　　　　梶 謡子

材料・道具協力

オリムパス製絲株式会社
TEL052-931-6679
http://www.olympus-thread.com/

クロバー株式会社
TEL06-6978-2277（お客様係）
http://www.clover.co.jp/

DMC／ディー・エム・シー株式会社
TEL03-5296-7831
https://www.dmc.com/　（グローバルサイト）

横田株式会社
TEL06-6251-2183
http://www.daruma-ito.co.jp/

撮影協力

UTUWA
TEL03-6447-0070